NOTICES HISTORIQUES

SUR L'ANCIENNE

PAROISSE DE CARENTOIR

(MORBIHAN).

I

Origines.

Carentoir comprenait jadis le territoire renfermé de nos jours par les paroisses actuelles de Carentoir, La Gacilly, Le Temple, La Chapelle-Gaceline et Quelneuc ; c'était donc une des plus vastes paroisses du diocèse de Vannes, c'était aussi une des plus antiques et une des plus riches en documents historiques.

Le *Cartulaire de Redon*, en effet, ne renferme pas moins d'une vingtaine d'actes concernant Carentoir. C'est un véritable trésor qui nous fait connaître avec détails l'état de cette paroisse durant tout le IXe siècle.

Carentoir était à cette époque une paroisse bretonne de mœurs et de langage. Traversée par une grande route « *via publica* » qui est probablement la voie romaine de Rennes à Carhaix, dont on retrouve les vestiges au château du Mur et au village de Marsac, appelée « *plebs condita*, » nom qui indique, selon le savant éditeur du *Cartulaire*, M. de Courson, une origine « toute romaine et toute militaire. » *(Prolégomènes,* LXXXVI.) Carentoir remplaça, au moyen-âge, un établissement gallo-romain sur lequel nous n'avons pas d'autres données (1).

---

(1) Près du manoir du Mur, on voit encore un camp romain, assez bien conservé, décrit par M. Cayot-Délandre, dans son intéressant ouvrage sur le *Morbihan*, p. 283.

Le territoire de cette paroisse du IXe siècle était arrosé par le ruisseau de Keuril « *ripa* » vel « *aqua Keuril*, » et limité par la voie romaine que je viens de signaler, par des pierres placées de main d'hommes « *lapidibus confixis* » et par des croix dressées par un nommé Roenhoiarn. Il est à remarquer qu'il existe encore en Carentoir plusieurs grosses pierres appartenant à des monuments primitifs ou mégalithiques.

Des chefs bretons, appelés *mactierns*, gouvernaient la paroisse; leur autorité s'étendait même parfois sur les paroisses voisines.

Le premier que nous connaissions est Jarnithin, qui habitait, vers 826, le manoir de Lisbédu *(la cour du bouleau)*, dans la paroisse de Pleucadeuc (1).

Ce seigneur eut deux fils, tous les deux mactierns ou chefs de la paroisse de Carentoir, ils se nommaient Gurvili et Portitoë.

Gurvili habitait (en 826) le manoir de Lisnovid, *la cour neuve*, situé en Carentoir; les chartes font mention de sa femme, mais sans faire connaître son nom. Il eut cinq fils : Ratuili, Woethoiarn, Portitoë, Catloiant et Jarnwocon. Ce Ratuili succéda à son père en qualité de mactiern, il demeurait, en 851, en la maison paternelle de Lisnovid.

Non-seulement Portitoë était, comme son frère Gurvili, mactiern de Carentoir, mais il exerçait encore son autorité dans les paroisses de Molac, de Rufflac et de Pleucadeuc, à l'exemple de son père.

Il eut pour fils Jarnithin qui devint lui-même mactiern et qui engendra Dumwalart.

Il est bon de remarquer que les deux chefs de la paroisse de Carentoir, Gurvili et Portitoë, relevaient directement de l'empereur Louis le Débonnaire, à titre de *vassi dominici* (2).

Toute la population de Carentoir était alors de race et de langue bretonnes; nous en trouvons la preuve dans les noms des habitants qui sont tous celtiques. Voici, par exemple, quelques familles de Carentoir au IXe siècle : Catlon, marié à Prostworet dont il eut Merchion et Junetwant; Woretic qui eut quatre garçons : Anauran, Urblon, Haëllon et Judwallon; Groécon et son fils Condeloc; Maenhoiarn et son frère Loieshoiarn; les frères Cumhaël et Judhaël, Budworet et Anaworet; Riwallon et sa sœur Argantlon dont le fils fut le prêtre Haelwocon, etc. (3).

Cette population se divisait en hommes libres et en serfs : parmi les hommes libres figuraient, outre les mactierns ou chefs de paroisse, les membres du clergé tant séculier que régulier, les anciens de la paroisse formant parfois une sorte de conseil dont les décisions avaient

(1) *Cartulaire de Redon*, p. 13, 15, 84, 86 et 361.

(2) *Ibidem*, p. 30; *Prolégomènes*, p. CCX et CCLXIX.

(3) *Ibidem*, *passim*.

une grande autorité, et un nombre relativement considérable d'habitants. Je n'ai point trouvé mention de serfs proprement dits à Carentoir, mais seulement de colons soumis, sous certains rapports, à une sorte de servitude ; tels étaient Kewigar, Haelocar et Lowencar que donna à Redon le mactiern Gurvili, en 833 ; tels étaient encore Posidhoiat et ses trois fils Ananhoiat, Judmin et Judmorin qu'acheta le prêtre Drivinet, vers 814 (1).

Quant aux lieux habités, au ixe siècle, dans la paroisse de Carentoir, nous ne trouvons que les suivants signalés dans les chartes : Lisnovid, ou *la cour neuve*, habitation des mactierns ; Trebdeoc, Trébarail, ou Tref-Arhaël ; Macoer, Henlis-Aladin et Mellac ; ce dernier village porte encore le même nom.

Les propriétés territoriales nous apparaissent, pour la plupart, avec le nom de leurs possesseurs; c'est ainsi que nous trouvons les *rans*, ou portions de terre appelées Rancarian, Rancatoien, Ranconmarch, Ranhaelval, Ranjudwallon, Ranriwocon, Rantudwael, Ranjarnoc, Ranetcar, Rancumwas, etc. Toutefois, nous trouvons d'autres terres appelées Maeltiern, Bilian, Bréoc, Bronantcar, Bachin, Drihoc, Branscean, etc.

Cet aperçu de Carentoir, au ixe siècle, serait bien incomplet si l'on ne signalait pas ce qu'y fit le clergé à cette époque.

Dès les commencements de l'abbaye de Redon, le clerc Riwalart donna à saint Convoyon la terre de Maeltiern, et, en 833, Condeloc, fils de Groécon, ayant obtenu des moines de Saint-Sauveur la faveur d'habiter avec eux, leur donna un champ à Mellac. La même année, le mactiern Gurvili fit don à cette abbaye des terres de Bronantcar et de Rancatoien ainsi que des colons qui habitaient ces terres (2).

Trois prêtres ajoutèrent leurs dons à ceux qui précèdent. En 816, Drivinet donna le village de Trebdreoc ; en 818, Winhoiarn donna les domaines de Ranharwal et de Rancumarch ; vers le même temps, Budworet offrit sa terre de Botjudwallon (3).

C'est également en 816 qu'une pieuse femme, nommée Argantlon, donna à Redon la terre de Rancuminou. En 861, un guerrier, du nom de Glur, fit don d'une partie des rentes de Rantudwael et de Rancumwas et de deux habitants du village de Macoer ; en 870, enfin, une veuve, appelée Prostworet, donna la moitié du domaine de Ranetcar (4).

Tous les biens donnés par ces divers bienfaiteurs étant situés en Carentoir, on voit que l'abbaye de Redon se trouvait, au ixe siècle, richement dotée dans cette paroisse. Il ne paraît pas, cependant, qu'un prieuré y ait été fondé par les moines de Saint-Sauveur ; si cette fondation a existé, je n'en ai pas du moins trouvé trace dans l'histoire.

---

(1) *Cartulaire de Redon*, p. 8 et 129.
(2) *Ibidem*, p. 100, 15 et 8.
(3) *Ibidem*, p. 361, 86, 83 et 41.
(4) *Ibidem*, p. 362, 63 et 180.

Quant à l'église paroissiale de Carentoir, elle est plusieurs fois mentionnée dès l'an 833, et nous connaissons les noms d'un grand nombre de prêtres vivant dans la paroisse à ce siècle reculé ; ce sont Condeloc, Winhoiarn, Doethwal, Junwal, Cafal, Loiosur, Tactal, Drivinel, Dreweten, Budworel, Hinoc, Ludon, Grockin, Tuthoven, Woletec, Lathoiarn, Worgovan, Haelvaloë, Bili, Finithoiarn, Wormonoc, Wetenworet, Sulval et Haelwocon. On y voyait aussi les clercs Riwalart, Haeltedwid, Tomas, Riscant, Budhoiarn et Judwallon (1).

Je ne nomme pas ici les moines qui figurent à cette époque à Carentoir, car je crois qu'ils appartenaient tous soit à l'abbaye de Redon, soit aux monastères voisins de celle-ci, notamment à ceux de la paroisse de Bains.

Telle était la physionomie toute bretonne, c'est à dire toute nationale, que présentait, au IXe siècle, la paroisse de Carentoir.

II

Doyenné.

Carentoir devint au moyen-âge l'un des six doyennés que renfermait le diocèse de Vannes.

Le doyenné de Carentoir se composait de sept paroisses et de cinq trèves, savoir :

1° Carentoir, cure-doyenné avec quatre trèves très anciennes nommées La Gacilly, La Chapelle-Gaceline, La Haute-Bouexière et Quelneuc. L'évêque de Vannes présentait cette cure.

2° Le Temple, cure présentée par le commandeur de Saint-Jean de Jérusalem.

3° Renac, cure présentée primitivement par l'abbé de Redon, puis, plus tard, par l'évêque de Vannes.

4° Rufflac, cure, avec sa trève de Saint-Nicolas-du-Tertre,

5° Saint-Just, cure,

6° Sixt, cure,

7° Tréal, cure,

présentées par l'évêque de Vannes. (1)

Parmi les derniers doyens de Carentoir, je remarque messires Mathurin d'Avaugour, vivant en 1641 ; Honoré Le Roy, fils du seigneur de La Danaye (1668) ; Louis Raguideau († 1707) ; Louis Boceno (1758) et Jean Charlot de Chanvry, qui vivait en 1772.

---

(1) *Cartulaire de Redon*, *passim*.

(2) V. *les Pouillés de Bret.*, publiés par M. de Courson.

III

Églises et Chapelles.

L'église paroissiale de *Carentoir*, dédiée à saint Marcoul, est très ancienne ; sa principale nef est presque entièrement romane, mais du style le plus grossier.

L'église d'abord tréviale puis paroissiale de *La Gacilly* était sous l'invocation de saint Nicolas. En 1745, monseigneur de Bertin, évêque de Vannes, érigea la trève de La Gacilly en paroisse : l'ancienne église a disparu et a été remplacée par un temple néo-grec.

L'église paroissiale du *Temple de Carentoir* est très ancienne et en partie romane, mais sans caractère ; on y remarque dans le chœur la statue tumulaire d'un chevalier de Saint-Jean de Jérusalem, dont le nom reste inconnu.

Les églises paroissiales de *La Chapelle-Gaceline* et de *Quelneuc* n'offrent rien de remarquable ; c'étaient naguère des chapelles tréviales.

La chapelle de *La Haute-Bouexière* est régulièrement desservie par un vicaire de Carentoir.

La chapelle de *Notre-Dame de Fondelienne* passe, dans la tradition, pour avoir une origine monastique ; on y vénère une statue de la sainte Vierge regardée comme miraculeuse ; on y voit une chaire du XVe siècle et un ancien tableau ou *ex voto* aux armoiries de la famille Le Roy, qui possédait jadis le manoir voisin de La Meule.

La chapelle de *Saint-Jugon* est le but de nombreux pèlerinages ; on y vénère le tombeau de ce saint enfant dont la légende est des plus naïves.

On trouvait en outre, jadis, les chapelles de *Saint-Jacques*, *Saint-Marc*, *Saint-Adrien*, *Saint-Jean*, *Saint-Vincent*, appartenant aux paroissiens, et les chapelles des manoirs qui suivent : *Saint-Mathurin*, à Peccaduc ; *Saint-Joseph*, au Boschet ; *Sainte-Anne*, à La Tousche-Peschart ; *Saint-Julien*, au Bois-By, et celles du Ronceray et de Launay. Presque toutes ces chapelles ont été détruites ou abandonnées.

Enfin, on trouvait encore à Carentoir les chapellenies de Saint-Georges, fondée en 1414, de Notre-Dame de la Ville-Louet et de La Cossaye.

IV

Commanderie du Temple.

L'ordre des chevaliers du Temple possédait jadis en Bretagne trois grandes commanderies dont dépendaient leurs autres maisons; c'était La Feuillée, Carentoir et La Guerche. Après la destruction de l'ordre des Templiers, la commanderie de Carentoir passa, comme les deux autres, entre les mains des chevaliers hospitaliers de Saint-Jean de Jérusalem, dits plus tard de Rhodes et de Malte.

Le château de la commanderie de Carentoir se trouvait dans le bourg actuel du Temple, près de l'église paroissiale; il n'en reste plus de traces aujourd'hui. Ce bénéfice jouissait d'une haute, moyenne et basse justice, et rapportait au commandeur 17,000 livres de revenus, en 1754.

On a conservé un vague souvenir à Carentoir de la chute des Templiers; ils furent massacrés, dit la tradition, au pied d'un gros chêne à côté de la chapelle de Fondelienne.

La commanderie du Temple de Carentoir relevait du Grand Prieuré d'Aquitaine, l'un des plus considérables de la Langue de France. M. de La Bigne-Villeneuve nous apprit au congrès de Saint-Brieuc, en 1852, que cette commanderie se divisait en huit membres situés en plusieurs diocèses. Les unes de ces maisons, portant le nom caractéristique de *temples*, étaient, dans l'origine, des commanderies de Templiers, dont héritèrent les chevaliers de Saint-Jean de Jérusalem après la destruction de l'ordre du Temple; les autres, appelées *hôpitaux*, avaient, au contraire, toujours appartenu à l'ordre des chevaliers Hospitaliers. Il est enfin probable que, dans l'origine, tous ces bénéfices étaient, pour la plupart, des maisons séparées qui se trouvèrent réunies, dans le temps, à la grande commanderie de Carentoir pour former une dotation plus importante.

Voici quels étaient les huit membres de la commanderie de Carentoir :

1° Le temple de Carentoir, évêché de Vannes.

2° Le temple de La Coëffrie, paroisse de Messac, évêché de Rennes (1).

3° Le temple et l'hôpital de La Croix-Huis, paroisse de Pléboulle, évêché de Saint-Brieuc (2).

---

(1) Les bâtiments de cette commanderie existent encore; la chapelle y est assez remarquable et date au moins du XIVe siècle.

(2) La chapelle de Notre-Dame du Temple existe également dans le village du même nom.

4° L'hôpital de Malansac, en ladite paroisse, évêché de Vannes (1).

5° L'hôpital de Saint-Jean de Villenard, paroisse de Néant, évêché de Vannes.

6° L'hôpital de Quessoy, en ladite paroisse, évêché de Saint-Brieuc (1).

7° Saint-Jean du Port-Stablehon, s'étendant dans les paroisses de Saint-Suliac, Saint-Judoce et autres, dans l'évêché de Saint-Malo.

8° Roz-sur-Couasnon, en ladite paroisse, évêché de Dol (2).

De tous ces bénéfices, ceux du Quessoy, de La Croix-Huis et de Saint-Jean du Port-Stablehon sont les seuls mentionnés dans la charte donnée en 1160 par Conan IV, duc de Bretagne, en faveur des chevaliers Hospitaliers. Celui de La Coëffrie n'était pas encore uni à Carentoir en 1681, me semble-t-il, car il était alors habité par frère René Chévrier, commandeur du temple de la Coëffrie, qui y demeurait encore en 1707.

Parmi les commandeurs du temple de Carentoir, nous remarquons : Gilles du Buisson (1624), Siméon Bouchereau (1738), Jacques Frin des Touches (1745), Claude Le Normand (1776).

V

Château de la Gacilly.

La Gacilly était autrefois défendue par un château fortifié dont il ne reste plus que la motte entourée de douves à peu près comblées, mais encore apparentes; on dit que cette forteresse, si complètement rasée, a été incendiée en 1594 par une troupe d'Anglais auxiliaires de l'armée royale que commandait le maréchal d'Aumont (3).

La Gacilly était sans contredit, je crois, le château le plus important de Carentoir au moyen-âge ; c'était une assez vaste seigneurie jouissant, en 1778, d'une haute, moyenne et basse justice s'étendant jadis dans les paroisses de Carentoir, Rufflac, les Fougerêts, etc.; possédant, entre autres droits féodaux, celui de guet, dernier vestige au XVIII° siècle de l'ancienne défense militaire du château.

Les sires de Montauban possédèrent longtemps la seigneurie de La Gacilly. L'un d'eux, Jean I, seigneur de Montauban, épousa Gasceline de Montfort dont il était veuf en 1246. Parmi ses successeurs on remarque Olivier III, seigneur de Montauban, qui vivait en 1320. Il épousa secrètement Julienne de Tournemine, veuve du seigneur de

---

(1) On y retrouve de nos jours le village de l'Hôpital.

(2) V. *les Bulletins de l'Association bretonne*, congrès de Saint-Brieuc (1852).

(3) *Le Morbihan*, par M. Cayot-Délandre, p. 281.

Montfort, sa proche parente. Leur union, devenue publique, fut réhabilitée par une sentence du pape, qui fut lue dans les églises de Montfort, de Montauban et de Guer (1).

Olivier III mourut vers 1330, laissant la seigneurie de La Gacilly comme douaire à Julienne de Tournemine (2). Ses deux fils Jean et Alain de Montauban lui succédèrent l'un après l'autre. Puis vinrent Olivier IV marié à Jeanne de Malemains; Olivier V et Mahaud d'Aubigné, et Guillaume qui épousa : 1° Marguerite de Lohéac; 2° Bonne Visconti. Le fils de ce dernier seigneur, Jean, seigneur de Montauban, épousa Anne de Keranrais dont il eut une seule fille, son héritière, nommée Marie de Montauban. Cette dame épousa : 1° Louis de Rohan, seigneur de Guémené-Guingamp, dont elle eut Louis, Pierre et Hélène; 2° Guy de la Trémoille dont elle n'eut pas d'enfant; elle mourut en 1477. Son fils aîné, Louis de Rohan, devint seigneur de Guémené et de Montauban; mais en 1478 (5 avril), il donna la seigneurie de La Gacilly à son frère Pierre de Rohan, seigneur de Gié et maréchal de France; c'était une partie de l'héritage maternel. Ce maréchal, seigneur de La Gacilly, mourut en 1513; il avait épousé : 1° Françoise de Penhouët, fille du vicomte de Fronsac; 2° Marguerite d'Armagnac, fille du duc de Nemours; il eut trois garçons : Charles de Rohan, seigneur de Gié, François de Rohan, archevêque de Lyon, et Pierre de Rohan, seigneur de Frontenay (3). L'un de ces derniers, mais je ne sais lequel, hérita de La Gacilly qui appartenait en 1536 au sieur de Rohan (4).

Au siècle suivant, la famille du Houx possédait la seigneurie de La Gacilly. En 1698 vivaient Gilles du Houx et Marie de Porcaro, sa femme, seigneur et dame de La Gacilly; ils habitaient alors le manoir des Bouexières. Ce seigneur mourut en 1707.

Après sa mort, la seigneurie de La Gacilly passa entre les mains des seigneurs de La Bourdonnaye. Yves-Marie de la Bourdonnaye, conseiller d'État, obtint, en 1717, l'érection des terres de la Bouexière et La Gacilly, paroisse de Carentoir, et Couëtion, paroisse de Ruffiac, en marquisat, sous le nom de La Bourdonnaye. Alors disparut le titre de seigneur de la Gacilly.

---

(1) *Hist. de Monfort*, par M. Oresve, p. 132.

(2) *Dict. de Bret.*, par Ogée, V° *La Gacilly*.

(3) Voir les *Preuves de Dom Morice*, III, 303. — L'*Hist. généal. de Bret.*, par du Paz. — Le *Dict. hist.* de Moreri.

(4) Dans son histoire de La Gacilly intitulée : *le Château et la Commune*. M. Ducrest de Villeneuve dit que Françoise d'Amboise posséda et habita le château de La Gacilly; j'ai cherché malheureusement en vain les preuves de cette assertion, en particulier dans les vies si intéressantes de la Bienheureuse duchesse de Bretagne, publiées récemment par MM. de Kersabiec et l'abbé Richard; je sais qu'Ogée indique le même fait, mais où l'a-t-il pris? On peut voir dans l'ouvrage de M. l'abbé Richard les lettres de Pierre II assignant le douaire de Françoise d'Amboise; il n'y est pas question de La Gacilly.

VI

Manoirs et terres nobles.

Comme toutes les anciennes paroisses, celle de Carentoir renfermait un grand nombre de manoirs et de terres nobles; nous allons signaler les principaux, en faisant connaître leurs anciens possesseurs (1).

Bois-By (le). — Une maison de ferme remplace de nos jours ce manoir qui jouissait jadis d'une haute, moyenne et basse justice.

Le sieur de Launay le possédait en 1536. En 1670 vivait Guillaume Geslin, seigneur du Bois-By, dont la fille, seule héritière, nommée Marie Geslin, épousa Guy Aulnette, sieur du Plessix. Cette dame habitait le Bois-By en 1704. Son fils François Aulnette, seigneur du Bois-By et de Peccaduc, demeurait au Bois-By comme sa mère, mais il ne laissa point de postérité, et son frère l'abbé Pierre Aulnette, chanoine de Rennes, hérita du manoir paternel. Cet abbé mourut vers 1756, laissant plusieurs héritiers qui vendirent, je crois, le Bois-By à Henri Picot de Trémar (1758). — 1765, Jean-Marie Picot, seigneur du Bois-By et de Peccaduc. — 1771, François Picot, seigneur du Bois-By, habitait le manoir de Peccaduc.

Bois-Brassu (le). — Ce manoir, jouissant d'une juridiction seigneuriale, appartenait en 1536 à François du Bois-Brassu. Jeanne de Marnières, dame du Bois-Brassu, l'habitait en 1653; Guillaume du Masle, l'un de ses descendants, devint ensuite seigneur du Bois-Brassu. En 1697, Françoise du Masle, héritière du Bois-Brassu, épousa dans la chapelle du manoir du Masle Jean Peschard, seigneur de la Ville-Roland. Leur fille, Renée Peschart, apporta la seigneurie du Bois-Brassu dans la maison de Talhouët, en épousant, au Masle, résidence depuis longtemps des seigneurs du Bois-Brassu, Louis de Talhouët, marquis du Bois-Orhant (1712). En 1789, M. de Talhouët, seigneur de la Ville-Queno, possédait le Bois-Brassu.

Bois-Jumel (le). — Gilles Le Marié possédait ce manoir en 1536. Jean Le Marié, sieur du Bois-Jumel, et Françoise Labbé, sa femme, laissèrent deux filles, Anne et Suzanne Le Marié qui avaient Le Bois-Jumel en 1644. Cette maison était habitée en 1700 par Julienne Quelmé, femme de Guillaume Dabo; leur fille épousa N... Fleury et lui apporta Le Bois-Jumel. Vers 1750, Anne-Marie Fleury, fille de ces

---

(1) J'ai surtout puisé pour ce paragraphe dans les manuscrits de *la Réformation de la noblesse de Bretagne*, dans les *registres paroissiaux* de Carentoir, et dans les ouvrages héraldiques de d'Hozier et de M. de Courcy.

derniers, épousa Julien Hoéo, sieur de La Valière, et depuis lors la famille Hoéo habita Le Bois-Jumel. L'abbé Pierre Hoéo de La Valière établit de nos jours un collège dans le manoir paternel et y fonda, en mourant (1863), un hôpital qui occupe maintenant toute l'ancienne maison.

BOSCHET (le) *vel* BOUSCHET (le). — Cette seigneurie jouissait d'une justice haute, moyenne et basse. Le manoir du Bouschet, qui n'est plus qu'une ferme aujourd'hui, a donné son nom à une famille assez importante qui l'habita pendant plusieurs siècles. Guy du Bouschet fut successivement chanoine et trésorier de la collégiale de la Magdeleine de Vitré, premier président de la chambre des Comptes de Bretagne, et évêque de Cornouaille élu en 1478. — Pierre du Bouschet fut président à mortier au parlement de Bretagne en 1620. — Marie du Bouschet épousa, en 1683, dans la chapelle de ce manoir, Julien de Bégasson, seigneur de La Lardaye. En 1536, la dame douairière de Carné possédait Le Boschet, qui appartenait en 1758 à Jean de Talhouët, seigneur de La Ville-Queno.

BOUEXIÈRES (les) *nunc* BOURDONNAYE (la). — Il y avait au XVIe siècle deux manoirs du nom de La Bouexière dans la paroisse de Carentoir. En 1536, La Basse-Bouexière appartenait au sire de Rohan, seigneur de La Gacilly; à la même époque, Jean de La Bourdonnaye possédait La Haute-Bouexière. En 1698, Gilles du Houx, seigneur de La Gacilly, et Marie de Porcaro, sa femme, habitaient le manoir de La Bouexière; ce seigneur y mourut en 1707. Peu après, en 1717, Yves-Marie de La Bourdonnaye, seigneur du Bouexic, obtint l'érection des seigneuries de La Bouexière, La Gacilly et Couëtion en marquisat, sous le nom de La Bourdonnaye. Depuis cette époque, la famille de La Bourdonnaye de Blossac continue de posséder et habite même parfois ce château.

CHOUASNIÈRE (la). — Ce manoir jouissait jadis d'une juridiction seigneuriale. Il appartenait en 1536 à Jean Hudelor, et plus tard à la famille Peschard. En 1705, Gilles de Marnières possédait La Chouasnière. Jean-Victor de Marnières, seigneur de La Chouasnière, épousa en 1713 Marie de Tanouarn. Cette terre appartient présentement à M. de Lorgeril.

COUETUS. — La dame d'Allérac Françoise du Verger, veuve du seigneur du Bois-Jouan, possédait en 1536 le manoir de Couëtus. Cette maison noble a donné son nom à la famille de Couëtus dont sortit Michel, sieur de La Vallée, marié en 1474 à Denise du Bois-Jagu. Elle appartenait en 1740 à Charles Fournier, seigneur de Trélo, et en 1767 à Jean de Talhouët, seigneur de La Ville-Quéno. M. Picot de Plédran possède aujourd'hui le château de Couëtus.

DANAYE (la) — Un village remplace maintenant le manoir de La Danaye qui avait jadis une moyenne et basse justice. Yvon Cado, sieur de Ringereux, le possédait en 1536. La famille Le Roy habita pendart longtemps ensuite cette maison noble. Mathurin Le Roy, seigneur de La Danaye, épousa en 1619 Perronnelle Guillemoys ; Julien Le Roy, seigneur de La Danaye, son fils, marié en 1649 à Julienne de Trégouet ; Siméon Le Roy, seigneur de La Danaye, son fils, épousa Mathurine Le Marchant ; Joseph Le Roy, seigneur de La Danaye, et Marguerite Charlot de Chanvry, sa femme, habitaient encore le manoir de La Danaye en 1771.

GLAZEUL. — Ce manoir, qui existe encore, appartenait en 1536 aux enfants de feu Jacques du Val. Claude de Trélan, seigneur de Glazeul, et Renée Le Roy, sa femme, moururent tous les deux en 1671 ; Valentine de Trélan, leur fille, épousa Gabriel de Haindreuff, seigneur de Pont-Darmes. Louis le Pappe, seigneur de Beauvais, veuf de Charlotte Guyomar, vint ensuite habiter Glazeul et y mourut en 1707. Jean de Talhouët, seigneur de La Ville-Queno, possédait cette terre en 1767.

GRÉE-HORLAY (la). — Ce vieux manoir, jouissant autrefois d'une basse justice, n'est plus qu'une ferme appartenant à M. Orinel. La famille Thébault le posséda longtemps. En 1671, Guillaume Thébault, seigneur de La Grée, et Anne de Kjan, sa femme, habitaient la maison noble de La Grée-Horlay. Julien Le Noir, seigneur du Préglin, habita ensuite ce manoir, ayant épousé Suzanne Thébault (1707). En 1769, Mathurin Thébault, seigneur de Trévégat, demeurait à La Grée-Horlay.

GRÉE-MICHEL (la). La famille Michiel, qui possédait d'autres terres aux environs, a donné son nom à ce manoir jouissant jadis d'une basse justice et converti depuis longtemps déjà en village. Guillaume Michiel le possédait en 1536. La famille de Careil devint au XVIIe siècle propriétaire de cette maison noble dont la juridiction fut exercée jusqu'à la Révolution par le seigneur de La Guichardaye.

GUICHARDAYE (la). Cette maison noble appartenait en 1536 à Yvon le Roy. Jean Le Roy, seigneur de La Guichardaye, épousa vers 1548 Marie Guillou ; leur fils, Gilles Le Roy, seigneur de La Guichardaie, s'unit 1° à Raoulette Marcadé, 2° à Catherine de La Sauldraye : Cette dernière dame mourut veuve à La Guichardaye. En 1632, François de Careil, marié à Jeanne de La Bouxière, était seigneur de La Guichardaye et habitait ce manoir : Gervais de Careil, seigneur de La Guichardaye, et Jeanne Baëlec, sa femme, y demeuraient également en 1697. Le château de La Guichardaye est encore présentement habité par la famille de Careil.

HERBLINAYE (la). — Cette maison noble jouissait d'une moyenne et basse justice. Elle appartenait en 1536 aux enfants de feu Pierre des Robiles ou plutôt Robitel. Plus tard, Guillaume Robitel épousa Françoise Le Berruyer et en eut Julienne Robitel mariée à Jean V, seigneur de Bégasson ; ce dernier devint par cette union seigneur de la Herblinaye, il fut père de Jean VI, seigneur de Bégasson, et de Magdeleine du Bégasson. Au XVIII° siècle le manoir de La Herblinaye passa entre les mains de la famille Danet qui le possédait en 1778 ; c'est aujourd'hui un château appartenant à M. de Behr.

MEULE (la). — Ce manoir, appartenant aujourd'hui à la famille Blanchard, existait au XVI° siècle. Yves Le Roy, sieur de La Meule, fils du seigneur de La Guichardaye, épousa Louise Maillart. Son fils, Guillaume Le Roy, sieur de La Meule, s'unit à Jeanne du Bouexic dont il n'eut que des filles. La Meule était possédée et habitée en 1701 par Louis Maubec, sieur de La Garenne, et Gillette Cherdel, sa femme. Leur fille, Anne Maubec, dame de La Meule, épousa, dans la chapelle de Fondelienne, François Le Noir, seigneur de La Marhannaye.

MUR (le). — Ce manoir a appartenu pendant plusieurs siècles à une famille qui lui devait son nom. Pierre du Mür, vivant en 1481, épousa Guillemette de Trévaly ; en 1707, vivait Bernard du Mür, seigneur dudit lieu. M. Anger de Kernisan possède maintenant ce château.

NOUAN (la). — Cette maison noble n'est plus qu'une ferme ; elle avait autrefois une moyenne et basse justice. Jean Trébert, seigneur de La Nouan, prêta serment au duc de Bretagne en 1437. Thuriau Trébert possédait ce manoir en 1536. Plus tard, René Guériff, marié à Françoise de Carheil, devint seigneur de La Nouan. Son fils, Honoré Guériff, seigneur de La Nouan, habita ce manoir et épousa en 1697 Jeanne Huchet, fille du seigneur de Quenetain. La famille Guériff continua de posséder La Nouan pendant le XVIII° siècle.

PECCADUC. — Cette seigneurie avait une haute, moyenne et basse justice, et appartenait en 1536 aux enfants de La Bouexière. En 1614, Suzanne de La Bouère, veuve de Claude Bouexix, sieur du Corrouet, habitait le manoir de Peccaduc. Bertrand de La Ruée, seigneur du Préclos, et Marie Le Cadre, sa femme, y demeuraient en 1697. François Aulnette, seigneur du Bois-By et de Peccaduc, vivait en 1731. Henri Picot de Trémar devint ensuite possesseur de ces deux seigneuries ; il habitait Peccaduc en 1758 ; ses descendants continuèrent jusqu'à la Révolution d'habiter ce château, qui appartient aujourd'hui à M. de Palÿs.

ROLLIÉNNE. — Ce manoir, dont l'architecture rappelle le XV° siècle, appartenait en 1652 à Paul du Bezit, seigneur de Bray, marié à

Julienne de Kervéno. Louis Hervé, sieur de Rollienne, l'habitait en 1688 avec Marie Hoëo, sa femme. Ses descendants ont continué de demeurer à Rollienne : Mathurin Hervé, sieur du Tayac, et Barthélemyne Gory, sa femme, vivaient en 1750 ; Louis Hervé, sieur de Rollienne, leur fils, marié à Louise Noblet ; Louis Hervé de Rollienne, dernier de sa famille, mort à Rollienne en 1858. Rollienne appartient aujourd'hui à M. de Bruc.

TOUSCHE-PESCHART (la).— Olivier Peschart, seigneur de La Tousche, vivait en 1469. La famille de La Bouexière posséda plus tard ce manoir. N.... de La Bouexière, seigneur de La Tousche-Peschart, et Jeanne Touzé, sa femme, l'habitaient en 1706. Mathurin de La Bouexière de Rosvéguen occupait en 1772 le même manoir, qui appartient aujourd'hui à la famille Le Noir de Tournemine.

TRÉLO. — Selon Ogée, Guillaume Pucy, sieur de Trélan (c'est-à-dire Trélo), possédait ce manoir en 1420. En 1536, il était entre les mains de Guillaume de La Motte. La famille Fournier occupa ensuite ce château qu'elle posséda pendant deux siècles. Louis Fournier, seigneur de Trélo, et Françoise Brandin, sa femme, vivaient en 1635. En 1740, Charles Fournier était seigneur de Trélo. Ce château est actuellement habité par M. de Bruc.

VILLE-LOUET (la). — Ce manoir, aujourd'hui abandonné, jouissait d'une haute, moyenne et basse justice ; il appartenait, en 1536, à Guillaume de Bruc. La famille de La Landelle posséda ensuite cette seigneurie ; René de La Landelle, seigneur de Roscanvec et de La Ville-Louet, mourut en 1728. Angélique de La Landelle épousa en 1729 Armand de Quélo, seigneur de Cadouzan. Un de leurs descendants, M. de Cadouzan possédait encore La Ville-Louet en 1778.

VILLENAVE (la). — Ce manoir, qui n'est plus qu'une ferme aujourd'hui, appartenait, en 1536, à André de La Jaminaye. Un de ses ancêtres, Jacques de La Jaminaye, fut le père de Louis de La Jaminaye, marié à Michelle de Bellouan, et vécut en 1427. Guillaume de La Jaminaye, seigneur de La Villenave, et Anne Judes, sa femme, habitaient encore ce manoir en 1676.

VILLE-ORION (la). — Ce manoir doit peut-être son nom à Orion, dont parle le cartulaire de Redon en 1108 ; c'était une haute, moyenne et basse justice. Il appartenait en 1536 à Arthur de Penbichen ; en 1657, à Guillaume de Forges (?), et en 1778, au seigneur de Lorges, dit Ogée, je crois qu'il faut lire de Forges. En 1788, Louis du Fresche, seigneur de La Giraudaye, et Marie-Thérèse d'Andigné, sa femme, possédaient La Ville-Orion. Ce château appartient aujourd'hui à Mme de Longeaux.

Ville-Queno (la). — Ce manoir jouissait d'une haute, moyenne et basse justice. A la fin du xive siècle vivait Guillaume Couppu, seigneur de La Ville-Queno, dont naquit autre Guillaume Couppu, seigneur de la Couppuaye et de La Ville-Queno ; Jeanne Couppu, fille de ce dernier, épousa Jean Raguenel, vicomte de La Bellière, lui apporta la seigneurie de La Ville-Queno et mourut en 1407. Son fils fut Jean Raguenel II, seigneur de Malestroit et de La Ville-Queno, marié à Jeanne de Malestroit ; puis vinrent deux enfants de ces derniers, Jean III et Jean IV, successivement seigneurs de La Ville-Queno ; ce Jean IV, baron de Malestroit, épousa Gillette de Châteaugiron dont il eut Françoise, dame de Malestroit, mariée au sire de Rieux, et Jeanne, dame de La Ville-Queno, mariée à Tanguy du Chastel, seigneur de Renac. De cette dernière union naquit une fille unique, Jeanne du Chastel, dame de La Ville-Queno, qui épousa Louis de Montejean. Leurs fils, Jacques et René de Montejean, successivement seigneurs de Renac et de La Ville-Queno, moururent sans postérité dans la première moitié du xvie siècle (1). En 1536, François Thierry possédait le manoir de La Ville-Queno ; Georges Méhaud, seigneur de Trébrun, et Louise Renard, sa femme, l'habitaient en 1582. Ce château passa ensuite entre les mains de la famille de Talhouët, qui le possède encore actuellement. En 1767, vivait Jean de Talhouët, seigneur de La Ville-Queno, marié à Françoise Le Mezec, dont naquit Joseph de Talhouët, seigneur de La Ville-Queno, en 1778.

Outre ces principaux manoirs, la paroisse de Carentoir renfermait encore plusieurs autres maisons nobles moins importantes ; voici d'abord celles que mentionne la réformation de 1536 :

Bois-Anet (le) appartenant alors au sieur de La Chaussée, à cause de sa femme, et en 1645, à René de Tournemine, seigneur de Campsillon, et à Renée Peschart, sa femme. — *Bois-Guillaume* (le), aujourd'hui simple ferme, alors également au sieur de La Chaussée. — *Bot* (le) à Rolland de la Boulaye ; *nunc* ferme. — *Bouère* (la), à Arthur de Forges ; en 1706, Marie Houet, veuve d'André Saulnier, sieur de la Bouère, habitait ce manoir. — *Bouexière* (la). Ce manoir, distinct des précédents qui portent le même nom, appartenait alors à François de Couëdor. — *Boutinaye* (la) à Jacques de Trobes ; ce n'est plus qu'un village. — *Cossaye* (la). Cette maison noble appartenait, dès cette époque, à la famille du Fresche. En 1635, René du Fresche, seigneur de la Cossaye, était marié à Jeanne Rado. — *Geslinaye* (la), à Arthur Hirel ; François Millet, seigneur de la Geslinaye, et Jugonne Gouro, sa femme, vivaient en 1635 ; les Talhouët de La Ville-Queno possédèrent ensuite cette terre. — *Gourgandaye, vel Cour-Glandais* (la) appartenait au sieur de la Ville-Déo, ou plutôt, je crois, de la Ville-Hélio. —

---

(1) *Hist. générale de Bret.* par le P. du Paz, p. 147 et suiv.

Gramot, à Jean Rozé. — *Guillardaye* (la), à la veuve du sieur de Montbeillé.— *Herruyaye* (la), à Jean de Bois-Orhant. — *Jay* (le), à François de Maure, seigneur dudit lieu. — *Launay*, à Jean de La Bourdonnaye, et en 1577, à Claude Guériff, marié à Perrine Gouro dont la postérité a conservé longtemps ce manoir. — *Matz* (le), à Jean du Matz. — *Quelneuc*, à Gohier de Champagné. — *Roche-Gestin* (la), à la veuve de Bertrand de Concoret : ce n'est plus qu'un village. — *Ronceray* (le). Ce manoir, aujourd'hui simple ferme, était alors à Aliette Fortin, et, en 1650, à François du Bezit, marié à Valence Le Berruyer. — *Ruetayouse*, aux enfants de Pierre Robitel. — *Tousche-aux-Roux* (la), à Mathurin Le Berruyer. — *Vallée* (la), à Marguerite de la Bourdonnaye. — *Virrigle* (le), à Raoulette de Marcadé.

Ogée signalait, en outre de tous ces manoirs, en 1778, ceux qui suivent : *Beauvais*, *Daranlo*, *Tronchaye* (la), *Ville-Gle* (la) et *Ville-Guessant* (la) ; mais c'était des terres sans importance pour la plupart.

L'abbé GUILLOTIN DE CORSON.

BIBLIOTHÈQUE IMPÉRIALE
IMPR.